MADELEINE DELBRÊL

ALCIDE, DER KLEINE MÖNCH

Madeleine Delbrêl

Alcide, der kleine Mönch

Gedankenblitze eines Gottsuchers

Herausgegeben und übersetzt
von Annette Schleinzer

Mit Illustrationen von Henry G. Angeles

VERLAG NEUE STADT
MÜNCHEN · ZÜRICH · WIEN

Titel der zugrundeliegenden französischen Ausgabe:

Madeleine Delbrêl, Alcide, le petit moine. Maximes et conseils de vie spirituelle, © Nouvelle Cité, Bruyères-le-Châtel 2017 (= Œuvres complètes Tome IV), Seite 25–98 *(= Neuausgabe von:* Le moine et le nagneau. Alcide et ses métamorphoses, Nouvelle Cité 2006).

Übersetzung aus dem Französischen und Bearbeitung:
Annette Schleinzer

Klimaneutral gedruckt. Weil jeder Beitrag zählt.

MIX
Papier
FSC FSC® C083411

CPi klimaneutral
Mehr Bäume.Weniger CO_2

2020, 1. Auflage

Umschlaggestaltung und Satz: Neue-Stadt-Grafik
Illustrationen: Cover, S. 19–98: © Henry Gervacio Angeles;
S. 111: Madeleine Delbrêl; S. 112–115: Marie-Armel Lemoine (© Responsable des Équipes Madeleine Delbrêl et Archives familiales; Bildbearbeitung: Jacques Faujour).
Druck und Bindung: CPI – Clausen & Bosse, Leck
ISBN 978-3-7346-1222-0

www.neuestadt.com

Inhalt

Anhang

Zu diesem Buch

Der kleine Mönch ist vielen Leserinnen und Lesern von Madeleine Delbrêl längst vertraut. Für manche war er vor Jahren sogar der erste Zugang zu dieser „Mystikerin der Straße“, wie sie oft genannt wird.

Madeleine Delbrêl wurde 1904 in Mussidan im Südwesten Frankreichs geboren. In ihrer Jugend war sie eine überzeugte Atheistin. Eine Lebenskrise und der damit verbundene intensive Suchprozess lösten in der Zwanzigjährigen eine Erfahrung aus, die sie als „überwältigende Bekehrung“ bezeichnete: die Begegnung mit dem lebendigen Gott. Im Evangelium Jesu Christi hat sie eine Form dafür gefunden, aus diesem „unerhörten Glück“ zu leben und es mit anderen zu teilen.

Nachdem sie sich zur Sozialarbeiterin hatte ausbilden lassen, lebte sie über dreißig Jahre lang mit ein paar Gefährtinnen im kommunistisch geprägten Arbeitermilieu in Ivry, einer Stadt in der Pariser Banlieue. Dort versuchten sie gemeinsam, den Menschen nahe zu sein und so die Liebe Gottes zu bezeugen.

Schon in den vierziger Jahren des vergangenen Jahrhunderts wurden all diejenigen in der Kirche Frankreichs auf sie aufmerksam, die nach neuen pastoralen Möglichkeiten in der zunehmend entchristlichten Gesellschaft suchten. Für viele von ihnen wurde Madeleine zur geistlichen Begleiterin und Beraterin. Mit zahlreichen Arbeiterpriestern – allen voran Jacques Loew – war sie zeitlebens freundschaftlich verbunden. Vor allem in ihren letzten Lebensjahren wurde sie immer häufiger zu Vorträgen eingeladen und um Erfahrungsberichte gebeten, bis hin zur Bitte um Mitarbeit bei den Vorbereitungen des Zweiten Vatikanischen Konzils.

Als sie am 13. Oktober 1964 ganz plötzlich starb, hinterließ sie trotz alledem nicht viel: ein Buch und verschiedene unveröffentlichte Texte und Manuskripte; einen Freundeskreis, der kaum über die Grenzen einer kirchlichen Minderheit hinausreichte.

Doch ihre Botschaft begann auszustrahlen. Ihre Texte wurden posthum in mehreren Büchern herausgegeben und in sechs verschiedene Sprachen übersetzt.

Seit vielen Jahren ist ein Seligsprechungsverfahren im Gang, das am 26. Januar 2018 in eine neue Etappe gelangt ist: Papst Franziskus hat Madeleine Delbrêl den „heroischen Tugendgrad“ zuerkannt und sie damit zur „ehrwürdigen Dienerin Gottes“ erhoben.

Unter den Schriften, die nach dem Tod Madeleine Delbrêls herausgegeben wurden, befindet sich auch eine Sammlung kleiner Weisheitssprüche. Es sind Gedankenblitze eines Gottsuchers, den Madeleine „Alcide" nennt, eine fiktive Gestalt aus dem frühen Mönchtum. „Die Leser und Leserinnen von Alcide mögen sich nicht davon einschüchtern lassen, dass er als Mönch lebte", schreibt sie in einer ihrer Einführungen. Denn „er ist in jedem von uns der einfache Christ. Er ist in jedem von uns die ungeduldig drängende Liebe, die Gott da sucht, wo ihn der Glaube findet, wo aber das alltägliche Leben ihn verbirgt".[1]

Mönch-Sein – und entsprechend Nonne-Sein – ist für Madeleine Delbrêl nicht notwendigerweise an den Rahmen einer klösterlichen Lebensform gebunden.[2] Zeitlebens lag ihr daran, die monastische Tradition in das Leben der „Leute von der Straße" zu übersetzen, wie sie sich und ihre Gemeinschaft gern genannt hat. Sie war davon überzeugt, dass Gott mitten in der Welt zu finden ist – bzw. dass es möglich ist, sich überall von ihm finden zu lassen. „Wir Leute von der Straße glauben aus aller Kraft", so schreibt sie, „dass diese Straße,

1 Madeleine Delbrêl, Einführung zu „Alcide", Manuskript A. Vgl. Anhang, S. 106.

2 Vgl. dazu auch Raimon Panikkar, Den Mönch in sich entdecken, Kösel, München [2]1990.

diese Welt, auf die Gott uns gesetzt hat, für uns der Ort unserer Heiligkeit ist."[3]

Alcide, der kleine Mönch, verkörpert deshalb all diejenigen, die sich bemühen, mit ihren Mitmenschen gut auszukommen, im Trubel des Alltags die Nerven zu behalten und in alldem mit Gott in Verbindung zu bleiben.

Die kleinen Weisheiten, die daraus entstanden sind, gehören mit zum Schönsten, was Madeleine Delbrêl geschrieben hat. Mit ihrem hintergründigen Humor laden sie dazu ein, auf der Suche nach Gott sich selbst nicht allzu wichtig zu nehmen – denn Gott ist längst unterwegs zu uns.

Bereits 1981 hat P. Bernhard Matheis SJ die erste französische Ausgabe von „Alcide" übersetzt und herausgegeben. Unter dem Titel „Der kleine Mönch. Ein geistliches Notizbüchlein" erschien diese deutsche Fassung sowohl im Westen als auch im Osten Deutschlands.[4] Im Rahmen der Gesamtwerke Madeleine Delbrêls ist inzwischen eine viel umfassendere Ausgabe erschienen.[5]

---

3 Madeleine Delbrêl, Deine Augen in unseren Augen. Die Mystik der Leute von der Straße, Verlag Neue Stadt, München ²2015, 81, 90f.

4 Madeleine Delbrêl, Der kleine Mönch. Ein geistliches Notizbüchlein, Verlag Herder, Freiburg 1981; St. Benno-Verlag, Leipzig 1981.

5 Madeleine Delbrêl, Le moine et le nagneau. Alcide et ses métamorphoses, Nouvelle Cité 2006, als Neuausgabe: Alcide, le petit moine. Maximes et conseils de vie spirituelle, Nouvelle Cité, Bruyères-le-Châtel 2017 (= Œuvres complètes Tome IV).

Diese Texte habe ich übersetzt und an einigen Stellen auch anders angeordnet als im französischen Original.[6] Die früher bereits erschienenen Texte habe ich auf der Grundlage der Übersetzung von P. Matheis überarbeitet bzw. neu übersetzt.

Ich danke Herrn Stefan Liesenfeld für die ermutigende Unterstützung und Begleitung bei dieser Neuausgabe. Herzlich danke ich auch Dr. Gotthard Fuchs für die wertvollen Hinweise, die ich unterwegs von ihm bekommen habe.

Annette Schleinzer

6 Die textkritische französische Edition basiert auf sieben verschiedenen Manuskripten. Die Herausgeber haben dabei bewusst manche inhaltlichen Wiederholungen stehen lassen. Zur Editionsgeschichte vgl. Anhang, unten S. 107ff.

Madeleine Delbrêl

Wer ist Alcide, der kleine Mönch?

Würde ich sagen, Alcide sei ein Mensch aus Fleisch und Blut, müsste ich lügen. Würde ich aber umgekehrt sagen, er sei eine Erfindung, wäre das auch nicht richtig.

Alcide ist nicht irgendeine einzelne Gestalt, sondern er verkörpert ganz viele Personen: Reiche und Arme, Starke und Schwache, Leute aus der Arbeiterschicht und aus dem Bürgertum, Junge und Alte. Man findet unter diesen Leuten alles Mögliche: Mönche und Pfarrer, Ordensschwestern und Nonnen, Familienväter und Unverheiratete, Großmütter und Verlobte. Wenn man Alcide an einem bestimmten Ort sucht, wird man ihn nicht finden. Wenn man ihn überall sucht, trifft man auf ihn.

Es ist eigenartig: Im Lauf der Jahrhunderte scheint jeder Hinweis darauf verlorengegangen zu sein, in welcher geistlichen Familie sich dieses Leben, das man so gar nicht einordnen kann, vollendet hat. Mehr noch: Man weiß nicht einmal, aus welcher Ordensregel ein solches Leben hervorgegangen ist.

Für die Leserinnen und Leser sei nebenbei angemerkt, dass es unter den Gelehrten immer wieder zu Auseinandersetzungen kommt, welche Lebensform unseren Seligen geprägt hat. Es gibt zum Beispiel eine wissenschaftliche Untersuchung mit dem Titel: „Das Ordensleben eines Laien", und in einer hintergründigen Studie heißt es: „Ein Ordensmann als Meister des Lebens in der Welt".

Nur eine einzige Begebenheit gilt als historisch gesichert. Denn alle Zeugen haben davon gehört, und auch die ersten Gefährten Alcides haben darüber berichtet. Diese Erfahrung brachte ihn dazu, an jeder menschlichen Größe zu zweifeln. Hier ist der Bericht, dem man am meisten Glauben schenken kann:

„Ein gewisser Alcide kam in unsere Gemeinschaft und erklärte unserem geistlichen Lehrmeister, dass er wissen wolle, welche Bedeutung wir für Gott haben. Unser Lehrmeister, der ein heiliger Mann war, sagte zu ihm:

‚Mein Sohn, geh auf den Friedhof, lobe die Verstorbenen und mache ihnen große Komplimente dafür, dass sie hier auf Erden gelebt haben.'

Alcide ging hin und tat, wie geheißen. Als er zurückkam, sagte unser heiliger Meister zu ihm:

‚Und nun geh auf den Friedhof und mach ihnen große Vorwürfe, rede ihnen ins Gewissen und zeige ihnen deine Verachtung, dass sie sich in einem so elenden Leichenzustand befinden.'

Alcide ging wiederum hin, und als er zurückkam, fragte ihn unser heiliger Meister:

‚Nun, was haben die Toten gesagt, als du ihnen Komplimente gemacht hast?'

‚Sie haben nichts gesagt', antwortete Alcide.

‚Und als du den Toten Vorwürfe gemacht hast, was haben sie dazu gesagt?'

‚Nichts haben sie gesagt', antwortete Alcide noch einmal.

Von diesem Tag an – das müssen wir zum Lob unseres heiligen Meisters bekennen – war Alcide nicht mehr derselbe."

Das Büchlein, das wir hier veröffentlichen, ist kein Tagebuch, in dem Alcide die täglichen Ereignisse aufgeschrieben hätte. Noch weniger ist es eine Anleitung für das geistliche Leben. Es sind Merkblätter. Er blickt auf das zurück, was er im Alltag erlebt, was ihn umtreibt, was ihn seelisch aufwühlt – und wie er dabei jeweils neben der Kappe war. Das schreibt er auf, um es nicht zu vergessen. Er selbst hätte seine Notizen wahrscheinlich als Gedächtnisstütze bezeichnet.

Alcide gehört zu denen, von denen man gesagt hat: „Sie nehmen sich oft tragisch, aber selten ernst." Daher die Ironie, der Mangel an Ernst, mit dem Alcide auf Dinge zu sprechen kommt, die er vielleicht zu tragisch genommen hat.

Wer ist nun aber Alcide?

Ich muss zugeben: Alcide hat es nie gegeben. Aber Alcide macht das aus, was es in vielen Menschen gibt oder gab, das, was sie oder zumindest einige von ihnen leben.

Es gibt die kleine Welt der Christen, so wie es überall kleine Welten gibt. Doch diese kleinen Leute leben nicht nur unter sich, und sie bilden auch nicht eine einzige Gruppe der Kirche. Diese kleine Welt ist aus Reichen und Armen zusammengesetzt, aus Intelligenten und Begriffsstutzigen, aus Kraftprotzen und Schwächlingen, aus Schlauen und Tollpatschigen, aus Leuten, die überall gefragt sind, und solchen, die man nicht beachtet.

In dieser kleinen Welt findet man Großväter und Jugendliche, Großmütter und Verlobte, frisch Verheiratete und Ehepaare in Krisen. Es gibt Familienväter und Mönche, Pfarrer und Bischöfe, Filmstars und Sinti und Roma, vielleicht auch Abgeordnete, Bankiers, Finanzbeamte, Äbtissinnen, Novizen, Ordensschwestern und Priester. Manche aus dieser kleinen Welt sind sogar Päpste oder Heilige geworden.

Alcide vertritt in dieser kleinen Welt all diejenigen, die nicht danach streben, ***Heilige*** zu sein, sondern ***heilig zu werden***.

Sie haben dabei ihre eigene Art, die Dinge anzugehen. Das haben sie sich nicht ausgesucht: Sie hatten keine Wahl. Die Mittel, um heilig zu werden, stehen für sie von vornherein fest; es sind dieselben Mittel, derer sich neben ihnen auch die Großen dieser Welt und der Kirche bedienen. Diese Auswahl ist nicht sehr ansehnlich, und jedes einzelne dieser Mittel macht auch nicht viel her.

Da ist zum Beispiel der Wille. Es ist unglaublich, wie reich er macht, sodass die kleinen Leute damit sozusagen über ihre Verhältnisse leben. Sie sprechen normalerweise vom guten Willen. Und wenn sie dann mit einem Ohr hören: „Friede den Menschen, die guten Willens sind …“, dann hören sie mit dem anderen Ohr, was jeder vernünftige Mensch sagt: „Der gute Wille allein genügt nicht“; oder sie hören, was die Nachsichtigen hinzufügen: „Oh, es ist nicht so, dass es ihnen an gutem Willen gefehlt hätte!“

Und wenn sie sehen, wie andere neben ihnen stolz durchs Leben marschieren – wie Leute, die das Leben kennen und denen man nichts vormachen kann, Leute, die mit einem Blick sehen, was zu tun ist, warum und wie man es machen muss: Dann gehen sie, die kleinen Leute, Schritt für Schritt ihren Weg, auch wenn sie es eilig haben. Und sie müssen sich dauernd vergewissern, so wie man auf dem Fahrplan der Metro oder auf dem Stadtplan nachschaut, ob sie noch auf dem richtigen Weg sind und ob sie mit ihren kleinen Schritten Gott trotzdem mit großem Herzen zu lieben vermögen. Denn Gott ist groß, und ihn kleinherzig zu lieben heißt, ihn überhaupt nicht zu lieben.

Ein einfacher Gottsucher sein,
der … (unleserlich)

Grabstein des seligen Alcide,
der im Ruf der Heiligkeit gestorben ist

Die Notizen Alcides

Abenteuer eines einfachen Christen

Buch des Anfängers

Vom klugen Handeln

Der Gottsucher widmet sich jeder Sache so,
als habe er nur sie zu tun,
um in den Himmel zu kommen.

Als der kleine Mönch einmal in Eile war

Vom Ertragen

Ertrage nicht, sondern trage.

Als seine Gefährten genauso unerträglich waren wie er selbst[7]

---

7 Variante aus Manuskript A:

Man lernt die anderen zu ertragen, wenn man von ihnen ertragen wird.
Als Theodores Brüder einmal genauso unausstehlich waren wie er selbst

Im Manuskript A ersetzt Madeleine manchmal den Namen „Alcide“ durch „Theodore“.

Auch der Kopf ist dazu da, etwas zu ertragen.

Als er nach dem Essen schmunzeln musste, weil er in Gott die Vollkommenheit fand, die seinen Brüdern fehlte[8]

Herzschwäche und Egoismus
vermögen nichts Schweres zu ertragen.

Als er sich einmal völlig für andere verausgabt hatte

Von der heiligen Faulheit
Ruh dich in Gott aus.

Als der kleine Mönch schläfrig war

Von den Vergnügungen
Wenn du selbst nicht tanzen kannst,
dann lass deine Seele tanzen.

Der kleine Mönch, nachdem er sich den ganzen Tag mit Buchführung geplagt hatte

8 Alcide spricht nur von „Brüdern", weil er ja in einem Männerkloster lebt. In Madeleines Intention stehen „der kleine Mönch" und seine Mitbrüder wie gesagt für alle möglichen Frauen und Männer in allen möglichen Lebenssituationen. – Diese und die folgende Sentenz stehen in der französischen Ausgabe in einem eigenen Kapitel mit der Überschrift „Alcide als Ratgeber" (Anmerkung A. S.).

Vom Verzicht

Nicht nachsalzen, nachzuckern, aufwärmen –
es sei denn, du bist für das Kochen zuständig.

Als ihm die Suppe nicht schmeckte

Von der Freude

Miss deine Freude
nicht am körperlichen Wohlbefinden.

Als ihm seine Verdauung zu schaffen machte

Zeiten der Krise

Beachte sie nicht: Dann werden sie an dir vorbeigehen.

Als der kleine Mönch Trübsal blies

Beichtväter

Denk daran, dass die Arzneien für die Krankheit sind
und nicht die Krankheit für die Arzneien! ...
Wer Ohren hat zu hören, der höre.

Als der kleine Mönch einmal einen besonderen Seelenzustand suchte

Vom Gebet
Bedenke, dass das Gebet dazu da ist,
dich zu einem guten Menschen zu machen,
und nicht, dich davon abzuhalten.

Als man den kleinen Mönch einmal aus der Kirche holte

Das Bußgewand
Fang damit an, dein Gewand zu weben,
solange sich deine Brüder noch wie Samt anfühlen.

Als einmal dicke Luft herrschte[9]

Von der Pflicht
Versuche nicht, sie an der Freude zu erkennen,
die sie dir bereitet; du könntest sie sonst verfehlen.

Als der kleine Mönch seine Socken stopfen musste

9 Variante aus Manuskript A:
Büßerhemden können dir nützlich sein, wenn sich deine Brüder wie Samt anfühlen.
Das Kamelhaar war für Theodore, den Heiligen der Wüste, eine echte Versuchung

Von unserer menschlichen Schwachheit

Schleif deine Ecken und Kanten,
dann wirst du dich weniger stoßen.

Nach einem brüderlichen Seitenhieb

Vom passenden Ausdruck

Bezeichne die anderen nicht als empfindlich
und dich selbst als empfindsam.

Als man dem kleinen Mönch Kummer bereitet hatte

Tu lieber mit allen, was allen zugute kommt,
als etwas besser machen zu wollen,
das nur dir selbst nützt.

Als der kleine Mönch einmal Geschmack am Erhabenen fand.
Freie Übersetzung eines alten Textes

Vom Lärm der Welt

Der Gottsucher sieht im Telefon den Anruf Gottes.

Der kleine Mönch eines Abends um halb acht

Vom Heroismus

Hüpfe aus deinem Bett zur Musik deines Weckers!

Der kleine Mönch eines Morgens um halb sieben

Von den Haushaltspflichten

Wenn du deine Gebetszeit vergessen hast: Lass, was dich davon abgehalten hat, und schau, dass du es nachholst.

Als er gerade lernte, auf der Schreibmaschine zu schreiben

Buch des Fortgeschrittenen

Von der heiligen Armut
Klammere dich an nichts, auch nicht an die Armut.

Als man das Zimmer des kleinen Mönchs heizte

Von der heiligen Armut[10]
Der Gottsucher kümmert sich nicht um seinen sozialen Status.

Als der kleine Mönch Lust verspürte, gesellschaftlich aufzusteigen

Von der heiligen Armut (Fortsetzung)
Der Gottsucher trinkt lieber alles,
was man ihm anbietet,
als dass er selbst wählt, worauf er verzichten will.

Als man dem kleinen Mönch Muskatwein anbot

---

10 Manuskript B.

Vom Gehorsam

Warte mit dem Gehorchen nicht,
bis du mit deinem Chef einverstanden bist.

Als der kleine Mönch einmal fand, dass er recht hatte

Vom Gehorsam (Fortsetzung)

Der Gehorsam ist ein wenig Sache des Leibes,
viel aber eine Sache des Herzens.

Als sich der kleine Mönch einmal stöhnend aufmachte, um zu tun, was man ihm befohlen hatte

Vom Gehorsam (Fortsetzung und Schluss)

Durch den Gehorsam wird man zu einem wahren Gottsucher.

Als der kleine Mönch einmal fromm war[11]

11 Variante aus Manuskript B:

Durch den Gehorsam wird man zu einem wahren Gottsucher – und durch den Gehorsam werden die Gottsucher zur Auferstehung gelangen.
Als der kleine Mönch einmal fromm war

Von der Demut

Schau lieber von dir weg,
anstatt deine Fehler zu beklagen.

Als der kleine Mönch Geschmack an der Gewissenserforschung fand

Von der Demut (Fortsetzung)

Es ist besser,
ein mittelmäßiges Kompliment anzunehmen,
als sich selbst einen Tadel auszusuchen.

Als man dem kleinen Mönch zu etwas gratulierte, von dem er nichts hielt

Von der Demut (Fortsetzung)

Der Gottsucher macht sich über sich selbst keine Gedanken.

Als der kleine Mönch Lust bekam, Tagebuch zu schreiben

(Fortsetzung)

Der Gottsucher weiß, dass er allen anderen Gottsuchern gleicht.

Als der kleine Mönch nach seiner unverwechselbaren Persönlichkeit suchte

Vom Schweigen

Versuch nicht zu schweigen, hör lieber zu.

Als der kleine Mönch einmal interessante Dinge zu sagen hatte

Vom Schweigen (Fortsetzung)

Sag nur das, was Gott nicht zum Schweigen bringt.

Als der kleine Mönch das Bedürfnis hatte, sich zu entspannen

Vom Schweigen (Fortsetzung)

Der Gottsucher schweigt, wenn er kann,
damit er reden kann, wenn er muss.

Als der kleine Mönch einmal ein paar nette Anekdoten auf Lager hatte

Vom Schweigen (Fortsetzung)

Das wahre Schweigen verstößt nie gegen die Liebe.

Als der kleine Mönch einem, der ihn langweilte, nur einsilbig antwortete[12]

---

12 Variante aus Manuskript M:
Das wahre Schweigen verstößt nie gegen die Liebe … Wenn der Gottsucher schweigt, wo er etwas sagen müsste, ist er eigentlich ein Schwätzer …
Als der kleine Mönch einem, der ihn langweilte, nur einsilbig antwortete

Vom Lärm der Welt

Der Anruf Gottes unterbricht das Schweigen nicht; deshalb können das Telefon, die Türglocke und die vertrauten Stimmen deiner Brüder der Stille nichts anhaben.

Es ist schwer zu sagen, wann dieser Text geschrieben wurde. Das Papier ist ziemlich abgegriffen; offenbar kam der kleine Mönch viele Male darauf zurück

Buch des Vollkommenen[13]

Von der Liebe zu Gott

Der Gottsucher liebt Gott allein, und er liebt ihn mit all seiner Kraft.

Als der kleine Mönch einmal Migräne hatte

Gott lieben heißt sein, wie Gott will,
und tun, was Gott will.

Als der kleine Mönch romantische Anwandlungen bekam

Der Gottsucher ist glücklich, wenn Gott glücklich ist:
das heißt immer.

Als das Herz des kleinen Mönchs einmal ganz weit war

---

13 Manuskript B.

Gott möchte von uns nicht geliebt werden,
wie wir wollen,
sondern wie er will.

Als der kleine Mönch einmal gerne ein Held sein wollte und nicht nur ein guter Mensch

Wenn der Gottsucher die Heiligkeit Gottes nicht lieben kann, wenn er gut ist, versucht er, seine Barmherzigkeit zu lieben, wenn er böse ist.

Als der kleine Mönch Dummheiten gemacht hatte

Mit Gott in seinem Herzen dient der Gottsucher Gott in den anderen.

Als der kleine Mönch seinen Mitmenschen einmal den Rücken kehren wollte

Der Gottsucher hat vor nichts Angst, da er es gewohnt ist, stets die ganze Welt zu retten.

Als der kleine Mönch einmal einen Herrn aufsuchen musste, den er nicht kannte

Der Gottsucher tut immer nur eines,
auch wenn er viel zu tun hat;
aber er geht vieles an,
indem er im Grunde immer nur das eine tut.

Als der kleine Mönch einmal in die Sahara aufbrechen wollte

Wenn sich der Gottsucher danebenbenimmt,
freut er sich, dass andere sich gut benehmen.

Als sich der kleine Mönch über das ruhige Wesen seines Nachbarn aufregte

Sei kein Held, sondern eine Null.

Als der kleine Mönch fand, dass er nur mittelmäßig sei

Der Gottsucher stellt Gott keine Fragen:
Er versucht stattdessen immer, ihm zu antworten.

Als der kleine Mönch nicht wusste, was Gott von ihm hält

Der Gottsucher setzt sich nicht in den Kopf, alles tun zu können, was Gott verlangt;
er möchte aber, dass durch alle Gottsucher dieser Erde sein Wille geschehe.

Als der kleine Mönch einmal von Eifer erfüllt war

Der Gottsucher hält sich weder für einen großen Heiligen noch für einen großen Sünder:
Er glaubt vielmehr, dass er ein winziges Glied im großen Leib der Kirche ist.

Als der kleine Mönch einmal über seine Fehler nachdachte

Weil der Gottsucher aus sich heraus nichts ist,
bleibt er immer ein Empfangender.

Als der kleine Mönch nach einer Berufung suchte

Anhang für Alcide, den kleinen Mönch

Glauben
heißt alles wissen,
was Gott uns gesagt hat,
und so zu leben,
als sei das wahr.

Hoffen
heißt von Gott alles erbitten,
was er uns verheißen hat,
und sich sicher sein,
dass man es erhalten wird.

Lieben
heißt zu tun,
was Gott will,
nicht mit unserer schwachen Liebe,
sondern durch die Kraft seiner Liebe.

Der kleine Mönch beim Ablegen der Gelübde

Der Tag deiner Gelübde bedeutet nicht Ankunft,
sondern Abfahrt.

Als der kleine Mönch am Tag nach seiner Profess[14] das Bedürfnis hatte, sich hinzusetzen

Wenn dir keine Last aufgebürdet ist, dann deshalb,
weil du anderen helfen sollst, ihre Lasten zu tragen.

Als der kleine Mönch sehr zufrieden damit war, für nichts verantwortlich zu sein

Für die Autorität mag es Grenzen geben –
für die Liebe jedoch gibt es keine Grenzen.

Als er eines Tages über seine Aufgaben nachdachte

---

14 Die Profess bedeutet im Ordensleben das feierliche Versprechen, die Gelübde zu halten (Anmerkung A. S.).

Wenn du die Gelübde abgelegt hast, musst du eine lebendige Verkörperung der Ordensregel sein.

Vor der Gewissenserforschung

Schau nicht auf deine Mitbrüder, um sie zu verurteilen, sondern um für sie zu beten.

Als die Nerven des kleinen Mönchs einmal zum Zerreißen gespannt waren

Der Novize ist ein junger Baumstamm.
Vergiss nicht, dass du ein Ast daran bist.

Als er die Jungen am liebsten links liegen lassen wollte

Der Prior[15] muss sich nicht immer zu allem äußern;
wer aber die Gelübde abgelegt hat,
ist nie davon dispensiert,
allen und allem Ehrfurcht zu erweisen.

Als er meinte, der Prior müsse doch mal etwas sagen

15 Vorsteher eines Klosters, das keine Abtei ist. In einer Abtei hingegen ist der Abt der Vorsteher, der Prior sein Stellvertreter (Anmerkung A. S.).

Was du willst, dass die anderen seien, sei du noch mehr.

Als sich der kleine Mönch wünschte, die anderen mögen doch heilig sein

Du bist immer im Dienst.

Als sich der kleine Mönch nicht dazu aufraffen konnte, sich um eine Angelegenheit zu kümmern

Seinen Brüdern und Schwestern dienen heißt mit Gott regieren.

Als sich der kleine Mönch einmal nach dem Himmel sehnte

Geh mit deinen Mitbrüdern so um, als sei Gott allein deine Hilfe – als seist du aber ihre einzige Stütze.

Als der kleine Mönch den Eindruck hatte, dass er bei den gemeinsamen Diensten zu oft an die Reihe komme

Gott wartet auf dich in deinen Brüdern und Schwestern: Das steht fest. Bist du dir deshalb sicher, dass du ihn findest, wenn du von ihnen weggehst?

Als der kleine Mönch einmal das Bedürfnis hatte, Luft zu schnappen

Überall, wo du bist, ist deine ganze Liebe gefragt.

Als er in einer Anwandlung von Demut glaubte, seine Mittelmäßigkeit schade niemandem

Bete zu Gott, als seist du allein es, der zu ihm betet.

Als zu Hause alles schiefging

Wenn man dich nur braucht zum Drunterbuttern,
dann denk daran, dass ohne Butter alles anbrennt.

An einem Tag der Demütigung

Wer die Gelübde abgelegt hat, ist wie der Erdboden,
auf dem seine Gemeinschaft wächst.

Als er über sich nachdachte

Nimm das Leiden deiner Umgebung wahr
und vergiss das deine.

An einem Tag der Krise

Der kleine Mönch als Prior[16]

„O Crux Ave“[17]

Die ersten Worte des Seligen, als er nach seiner Wahl zum Prior dem ersten Mitbruder begegnete

Von der Gerechtigkeit

Misstraue deinem Urteil über die, die du nicht magst.

Als man ihn einmal links liegen ließ

Wenn einer deiner Söhne kein Vertrauen zu dir hat,
sag nicht vorschnell, es fehle ihm an Urteilsvermögen.

Als er sich zu Hause einmal mit lauter Holzköpfen herumschlagen musste

---

16 Vgl. oben S. 40, Anmerkung 15.
17 „Sei gegrüßt, Kreuz“

Bevorzuge diejenigen, die dich weniger mögen;
das gibt dir die Gelegenheit, gerecht zu sein.

Als seine Verantwortung ihn einmal belastete

Miss die Fehler deiner Söhne
nicht an der Empörung, die sie bei dir auslösen,
sondern am Schmerz, den sie Gott bereiten.

Als sich einer seiner Söhne wie ein Trottel benahm

Versetz dich in die Haut der anderen
und nicht die anderen mit Gewalt in die deine.

Als er einmal asketische Regeln aufstellte

Deine Söhne werden dich nicht gern weggehen lassen,
wenn dein Herz nicht mehr bei ihnen ist.

Als der kleine Mönch einmal zu spät nach Hause kam und seine Söhne gekränkt waren

Wenn du dir etwas nicht merken kannst,
dann denk daran, dass es Notizbücher gibt.

Als der kleine Mönch an eine Anordnung erinnerte, die er gar nie getroffen hatte

Die Krankheit, die dich erfasst hat,
macht aus deinen Mitbrüdern
noch lange keine Krankenpfleger.

Von der Demut

Leuchten bedeutet nicht,
glänzende Reden zu schwingen.

Als der kleine Mönch einmal sehr gesprächig war

Misstraue einer glänzenden Pomade.

Als der kleine Mönch fand, dass seine Söhne etwas nicht so gut machten wie er selbst[18]

Sag nicht: „Mach das so wie ich!"
Sag vielmehr: „Mach das wie Gott!"

Als er einmal fand, dass seine Söhne etwas nicht so gut machten wie er selbst

18 Andere Einbettung im Manuskript D:
Als er mit einer ungemein liebenswürdigen Persönlichkeit zu tun hatte

Mach dir klar, dass es für ein Kloster ein großes Glück ist, wenn es einen Prior hat, der nicht alles kann, dies zugibt und sein Vertrauen ganz auf Gott setzt.

Als einmal alles schiefging

Achte darauf, dass man dem Kloster nicht deinen Namen gibt statt den eines Heiligen.

Als man im ganzen Umkreis von ihm sprach

Lass dir lieber etwas vorwerfen, als dass du beim Schuldbekenntnis deinen Söhnen feierlich deine Fehler offenbarst.

Als man ihn zu Unrecht kritisierte

Im Mittelpunkt des Klosters wohnt Gott:
Setz dich nicht an seine Stelle.

Als er eine feierliche Rede hielt

Nimm es an, dass du für deine Mitbrüder zur Anfechtung werden kannst, für sie ein Kreuz bist, also eine Gnade.

Als der kleine Mönch nicht überall Zustimmung fand

Wenn der Gerechte sieben Mal am Tag sündigt, dann wundere dich nicht, dass du als Prior, der seine Sache gut machen will, siebeneinhalb Mal sündigst.

Als er einmal ganz mutlos war

Wenn gewisse Personen dich nicht für einen Heiligen halten, dann weise sie nicht darauf hin, dass das für sie noch viel weniger zutrifft.

Als gut unterrichtete Leute ihm bewiesen, dass er Unrecht hatte

Vom Frieden

Deine Söhne sind nicht ins Kloster gegangen, um sich mit deinen persönlichen Dramen zu beschäftigen.

Als er einmal alles satt hatte

Die Miene deines Gesichts spiegelt wider,
was du empfindest.
Hab Liebe, dann strahlt dein Gesicht
wie eine frisch gebügelte saubere Schürze.

Als man ihm sagte, dass er ein Gesicht ziehe

Du bist noch nicht am Ziel:
Zwing die anderen nicht, es zu sein.

Als er davon träumte, den Leuten Beine zu machen[19]

Lass Gott wirken,
dann erst wirke du –
wenn es dann noch etwas zu wirken gibt.

Als dem kleinen Mönch besondere Ideen für die ihm Anvertrauten kamen

19 Im Französischen wird hier auf das Ballett „Giselle" von Adolphe Adam angespielt (Akt I, Nr. 8: „Galop général", Anmerkung A. S.).

Immer wenn du nach Hause kommst,
möge mit dir der Friede einkehren.

Als er merkte, dass in seiner Abwesenheit vieles schiefgelaufen war

Von der Autorität

Wenn sich einer deiner Söhne danebenbenimmt,
spiel du nicht den Engel;
es könnte dir nämlich auch passieren.

Als er sich selbst als leuchtendes Gegenbeispiel hinstellte

Verwechsle den Willen Gottes nicht mit dem deinen.

Als ihm die Idee kam, Reformen durchzuführen

Denk daran, dass Schwäche im Grunde nur die Angst ist, dir weh zu tun.

Als er das Gefühl hatte, mal ein Auge zudrücken zu können

Erteile keine Befehle,
bitte vielmehr um einen Dienst.

Als der kleine Mönch einmal zu faul war, einem Mitbruder zu sagen: „Wärst du so freundlich, das und das zu tun …?"

Wenn du gut gelaunt bist,
behandle deine Mitbrüder nicht so,
als seien sie es auch.

Als er einmal äußerst aufgeräumt auf leidgeprüfte Menschen zuging

Vergiss beim Befehlen das Gehorchen nicht.

Als ihn besondere Einfälle überkamen

Halte Disziplin, auch wenn du allein bist.

Als er einmal allein bei Tisch saß und die Glocke ihn aus einer äußerst interessanten Beschäftigung riss

Sag das, was zu sagen ist – und nicht das, was du gern sagen möchtest.

Als er einmal ganz viele Ideen hatte

Deinen Söhnen zu gehorchen ist kein Gehorsam.

Als er völlig niedergeschlagen war und alles hinwerfen wollte

Pass auf, dass du die anderen nicht belehrst:
Ein Vater ist kein Schullehrer.

Als er Moralpredigten hielt

Lass deinen Mitbrüdern lieber dein Schweigen zukommen als die Gabe deines Wortes.

Als er einmal eine Menge Geschichten auf Lager hatte

Ein Kloster ist kein Zirkus.

Als sich der kleine Mönch zum Clown berufen fühlte

Von der Sanftmut

Der Zorn des Priors lässt seine Söhne nicht gerechter werden.

So legte der selige Alcide einmal die Heilige Schrift aus

Mach deine Nerven nicht zum Barometer des Hauses.

Als er einmal sehr kribbelig war

Verlang von den anderen nicht, deinen Nervenzustand zu erraten.

Als man ihn unbekümmert ansprach

Vom Kreuz

Bist du dir sicher, dass du,
wenn du über die anderen weinst,
im Grunde nicht über dich selbst weinst?

An einem Tag der Angst

Du bist da, um zu trösten,
nicht, um getröstet zu werden.

Als ihn eine melancholische Stimmung überkam

Wenn einer deiner Söhne in Not ist,
soll er sich an dich wenden.
Wenn du aber in Not bist,
wende dich an Gott.

Als er einmal gerne mit jemandem gesprochen hätte

Vertue deine Zeit nicht mit Klagen.

Als er das Gefühl hatte, der unglücklichste Mensch zu sein[20]

---

20 Andere Einbettung in Manuskript D:
Als er das Gefühl hatte, der leidgeprüfteste Mensch zu sein

Vom Gebet

Es wäre besser für dich, die schlimmsten Skandale am Hals zu haben, als aufzuhören, für sie zu beten.

Als der kleine Mönch einmal keine große Lust hatte zu beten

Mach dein Herz weit für deine Söhne,
damit Gott ihnen seine Gaben schenken kann.

Als ihm einmal alles und alle zuwider waren

Werde nicht zum geistlichen Begleiter,
sondern leite deinen Geist zu deinen Söhnen hin.

Als er ganz in seiner Tätigkeit als Prior aufging

Ein Prior muss sich nicht um das Gebiet der Begleitung kümmern.

Als der kleine Mönch einmal eine spirituelle Ausrichtung suchte

Vernachlässige deine Kinder nicht, um mit ihrem Vater zu flirten.

Als er in innige Zwiesprache mit Gott versunken war

Vom guten Beispiel

Ein Prior ist kein „Reklameschild“, sondern ein Stein des Anstoßes.

Als er ein gutes Beispiel geben wollte

Leg deinen Mitbrüdern nahe, auf Gott zu schauen, denn so arbeitest du für den Herrn.

Als er das Gefühl hatte, eine bedeutende Persönlichkeit geworden zu sein

Deine Sünden schaden ihnen mehr, als deine guten Beispiele ihnen gut tun könnten.

An einem Einkehrtag

Sie haben den Herrn, die Heilige Jungfrau und alle Heiligen als Vorbilder: Sie brauchen dazu nicht auch noch dich!

Als er einen Vorwand suchte, um im Blickfeld zu sein

Bleib Vater derer,
die dich nicht als Vater behandeln.

Als er einmal keinen Erfolg hatte

Gott hat die Mütter erfunden,
der Mensch die Erzieher.

Ein Satz von Becky[21], den der kleine Mönch hier zitiert

Sag niemals etwas zu einem deiner Söhne, was seine Wertschätzung für einen seiner Mitbrüder vermindern könnte.

Als er einmal sein Herz ausschütten wollte

Stoß nicht an eine Wunde,
die entzündet ist.

Als er einmal sehr heftig war

21 Becky ist eine Figur in William Makepeace Thackerays Roman „Jahrmarkt der Eitelkeiten" (Anmerkung A. S.).

Das Schweigen ist dazu da, auf Gott hinzuhören. Wenn er durch seine Geschöpfe spricht, ist es nicht immer angebracht, ihm das Wort abzuschneiden.

Am Bett eines älteren Mitbruders, der wieder zum Kind geworden war

Von der Vaterschaft

Die Zeit, dir deine Fehler aufzuzählen, verbringe lieber damit, die Tugenden der anderen zu fördern.

An einem Tag innerer Qual

Du darfst einem deiner Söhne nur dann Kummer bereiten, wenn dir das insgeheim nicht Freude macht.

Als er einmal den Geschmack von Seife in seinem Mund hatte

Die Welt beginnt hier: bei denen, die dir anvertraut sind.

Als der kleine Mönch von einem universalen Auftrag träumte

Der kleine Mönch als Missionar

Vergiss nicht, dass du freiwillig gewählt hast,
was andere hinnehmen müssen.

Als der kleine Mönch glaubte, er sei dem Volk gleich geworden, unter dem er lebte

Wenn du dich deinen Mitmenschen nur angleichst,
bringst du ihnen nichts Neues.

Als der kleine Mönch allen gleich werden wollte, um ihnen Gott nahezubringen

Die Münze, auf die dein Kopf geprägt ist,
macht andere selten reich.

Als der kleine Mönch anderen das geben wollte, wonach er sich selbst sehnte

Sei überzeugt, dass du recht hast,
glaube es nicht nur.

Als er einen klaren Standpunkt vertrat

Wenn das Evangelium nicht in deine Hosentasche passt,
nimm eine Umhängetasche dazu.

Als er aus Liebe zu den Armen gegen die Reichen wetterte

Sprich nicht allzu schlecht über dich selbst.

Als ihm manche Christen missfielen

Gott kann Trennungen wollen –
Entzweiung will er nie.

Als der kleine Mönch das Gefühl hatte, dass bestimmte Beziehungen ihn in seinem apostolischen Eifer behinderten

Wenn dein Gewand deine Mitmenschen ärgert,
zieh ein anderes an;
wenn du aber dein Gewand ausziehst,
zieh nicht Christus aus.

Als sich der kleine Mönch fragte, wie er einem unbekannten Volksstamm das Evangelium nahebringen könnte

Christus hat niemanden verurteilt, weil er ein Bankier war; wohl aber hat er diejenigen verurteilt, die über andere richten.

Als der kleine Mönch einmal Skrupel bekam und einem Bankier den Rücken kehrte[22]

22 Variante aus Manuskript A, Fortsetzung:
Hier gibt es nichts hinzuzufügen: Wenn Jesus die hartherzigen Reichen verurteilt hat, so hat er jedoch nicht die Reichen schlechthin verurteilt.
Als der kleine Mönch einmal Skrupel bekam und einem Bankier den Rücken kehrte

Tränen sind wie Blutstropfen – doch nicht alle.

Als man den kleinen Mönch einfach links liegen ließ

Wenn du willst, dass die geliebt werden,
die auch du liebst,
dann liebe die, die sie nicht lieben.

Als sich der kleine Mönch um den Frieden bemühte

Die Menschenmenge hat keine Ohren;
wenn du eine Rede halten willst,
dann behalte den einzelnen Menschen im Blick:
Er hat Ohren.

Während einer Konferenz

Schenk den Armen das Herz Jesu Christi;
doch denen, die die Armut verursachen,
schuldest du das Blut Jesu Christi.

Als sich der kleine Mönch mühte, barmherzig zu sein

Wenn du dich nach dem Martyrium sehnst, kannst du das Warten nutzen und schon mal etwas Lästiges hinter dich bringen.

Als der kleine Mönch seine Steuererklärung machen musste[23]

Wenn du keine Möglichkeit hast, singend den Weg zum Martyrium zu beschreiten, dann kannst du angesichts deiner Steuererklärung zumindest lächeln.

An einem Tag, an dem es kein Martyrium gab - dafür aber Steuern[24]

23 Variante aus Manuskript A, Fortsetzung:
Zwischen einer Widrigkeit und dem Martyrium besteht ein riesiger Unterschied. Dennoch: Wenn du dich nach dem Martyrium sehnst, kannst du die Wartezeit sinnvoll nutzen und schon mal etwas Lästiges hinter dich bringen.
Als der kleine Mönch seine Steuererklärung machen musste

24 Diese Sentenz steht in der französischen Ausgabe in einem Kapitel mit der Überschrift „Alcide, der kleine Mönch, als Ratgeber" (Anmerkung A. S.).

Der Heilige Geist fährt aufwärts und abwärts;
blockiere deshalb nicht den Fahrstuhl.

Als er seinem Bischof besser nicht geschrieben hätte

Wenn das Herz krank ist,
reißt man es nicht heraus;
wenn der Magen krank ist,
können die Finger ihn nicht ersetzen …

Als er seinen Bischof nicht besonders intelligent fand

Das Leben mit Gott[25]

Vom Gebet

Mein Gott, wenn du doch überall bist,
wie kommt es dann, dass ich so oft woanders bin?

Kleines Gebet, von Zeit zu Zeit zu sprechen

Zerstreuungen werden zum Gebet,
wenn man mit ihnen an Gott denkt.
Gegen sie zu kämpfen,
kann einen noch mehr zerstreuen.

Als der kleine Mönch einmal überfordert war

Zerstreuungen können dir dabei helfen,
dich auf Gott hin auszurichten.[26]

---

25 Dieses ganze Kapitel stammt aus dem Manuskript A.

26 Dieser Satz steht in der französischen Ausgabe in einem eigenen Kapitel mit der Überschrift „Alcide, der kleine Mönch, als Ratgeber“ (Anmerkung A. S.).

Es fällt dir leicht, Gott das zu sagen, was er will;
ihm aber zu sagen, was du willst, fällt dir schwer.

Als es dem kleinen Mönch an Zeit, an Raum und an Stille fehlte

Wenn du ans Ende der Welt gehst,
findest du dort die Spuren Gottes;
wenn du in den Grund deiner Seele steigst,
findest du Gott selbst.

Als er sich danach sehnte, Gott zu finden

Gott hat Geist genug, dir kann es jedoch daran fehlen;
er hat keine Nervenschmerzen, doch die deinen können
ihm zu Diensten sein.

Als die Schmerzen des Leibes seinen Geist verfinsterten

Beten heißt nicht, intelligent sein,
sondern da sein.

Als er einmal den Leuten auf der Straße zuhörte[27]

27 Andere Einbettung im Manuskript A (Fortsetzung):
Als sich die Passanten auf der Straße unterhielten

Vom Gebet (Fortsetzung)

Um Gott zu finden, muss man wissen, dass er überall ist; man muss aber auch wissen, dass er dort nicht allein ist.

Der kleine Mönch benutzte diesen Satz gern, wenn ihn vieles beanspruchte oder wenn die Leute ihm auf die Nerven gingen

Für jemanden, der Gott so wie Mose sucht,
kann eine Treppe zum Sinai werden.

Beim Treppensteigen - auf jeder Etage

Falls du nicht Mose bist, erwarte nicht, dass du auf dem Sinai sein musst, um Gott zu suchen.

Als er überlegte, sich in die Wüste zurückzuziehen[28]

Der Gott des Mose ist überall; anstatt auf dem Sinai kannst du auf deinen Treppenstufen mit ihm reden.

Als er im fünften Stock ankam

28 Diese und die folgende Sentenz stehen in der französischen Ausgabe in einem eigenen Kapitel mit der Überschrift „Alcide, der kleine Mönch, als Ratgeber" (Anmerkung A. S.).

Wenn du die Wüste liebst,
dann vergiss nicht, dass Gott die Menschen lieber sind.

Als er in der Metro seinen Rosenkranz betete

Sprich lieber mit Gott,
anstatt Selbstgespräche zu führen;
so viel Zeit zum Beten wirst du haben.

Als der kleine Mönch verschiedene Eindrücke verarbeitete

Wenn du glaubst, dass der Herr bei dir ist,
findest du überall, wo du einen Platz zum Leben findest,
auch einen Platz zum Beten.

Als das Kloster einmal völlig übervölkert war

Vom Gebet (Fortsetzung)[29]

Wenn du daran glaubst, dass Gott überall ist,
kannst du auch überall beten.

Denn zu Gott zu beten bedeutet nicht,
an Gott zu denken.

Sag nicht, dass du keinen Platz hast. Gott ist da, wo du bist; Gott ist dein Platz, denn Gott ist in dir.

Sag nicht, dass du keine Zeit hast: Wann hattest du je keine Zeit, in der du nicht wenigstens ein Mal an dich selbst gedacht hast? Wann hattest du je keine Zeit, um eine Kleinigkeit zu essen, ein Nickerchen zu machen, dir die Zeit zu vertreiben?

29 Diese Sentenzen über das Gebet stehen in der französischen Ausgabe in einem eigenen Kapitel mit der Überschrift „Alcide, der kleine Mönch, als Ratgeber“ (Anmerkung A. S.).

Wenn du andere nicht durch deine Heiligkeit beeindrucken kannst, versuche nicht, sie durch deine Untaten zu beeindrucken.

Als der kleine Mönch zeigen wollte, wer er in Wahrheit sei

Es ist ungewiss, ob dich der Duft der Felder
sicherer zu Gott führt als der Lärm der Straße.

Wenn du weißt, dass Gott überall ist,
kannst du auch überall beten.

Als sein ungemütliches Zimmer ihn einmal vom Beten abhielt

Der Herr hat nicht gesagt,
dass die fünfte Symphonie dem Gebet dienlicher sei
als der Lärm der Autos.

Eines Abends um halb sieben im Zimmer zur Straße hin

Du siehst dich selbst nicht;
noch viel weniger kannst du Gott sehen,
denn er ist mehr als du.

Als der kleine Mönch Gott suchte

Von den Einkehrtagen

Bei Einkehrtagen sollte man sich durchaus den nötigen Schlaf gönnen; es gibt aber auch noch andere Beschäftigungen.

Als sich der kleine Mönch zum Gebet sammelte

Einkehrtage sind keine Rückzugsorte, an denen Gott mehr als sonst da wäre: Gott ist überall. Doch die Einkehrtage können dir helfen, aufmerksamer für ihn zu werden.[30]

Auch an Einkehrtagen bist du den üblichen Zerstreuungen ausgesetzt.

Auch eine Mimose kann unempfindlich sein für das feine Wehen des Heiligen Geistes …

Als der kleine Mönch vorhatte, seine Einkehrtage in der Sonne zu halten

30 Diese und die folgende Sentenz stehen in der französischen Ausgabe in einem eigenen Kapitel mit der Überschrift „Alcide, der kleine Mönch, als Ratgeber" (Anmerkung A. S.).

Gott wohnt nicht vorwiegend in historischen Denkmälern.

Als es um die Wahl des Exerzitienortes ging

Wenn du eine Theaterbegabung hast,
misstraue dem schönen Schein.

Ebenso bei der Wahl des Exerzitienortes

Du weißt nicht, ob Gott die Gegenden vorzieht,
die wir vorziehen.[31]

Bei der Frage, wo er seine Einkehrtage halten sollte

Das Kloster zu wechseln, ändert den Mönch nicht;
und Gott ist an jedem Ort derselbe.

Vor einem Reisebüro

31 Auch diese Sentenz und die beiden folgenden stehen in der französischen Ausgabe in einem eigenen Kapitel mit der Überschrift „Alcide, der kleine Mönch, als Ratgeber“ (Anmerkung A. S.).

Erdöl zu finden, bedarf großer Mühe und großer geistiger Anstrengung.
Warum wollen wir dann Gott finden, ohne uns groß anzustrengen?

Gedanken über das Gebet in Zeiten innerer Unruhe

Mit einem Federstrich befreien dich andere von der drückenden Last deiner Verantwortung; du solltest täglich dafür danken.

Nach dem ungerechten Ende seiner kurzen Karriere[32]

32 Variante aus Manuskript C:

Ein Kämpfer verpflichtet sich selbst zu einem Einsatz, aber die anderen sind es, die ihn wieder entpflichten. Das ist eine wunderbare Gesetzmäßigkeit, für die der Vorsehung Lob gebührt.

—

Madeleine Delbrêl spielt hier darauf an, dass sie 1946 ihren Beruf als Sozialarbeiterin aufgegeben hat – vor allem, um für ihre Gemeinschaft da zu sein (Anmerkung A. S.).

Von der Geistesgegenwart[33]

Die eigentliche Tugend eines Beraters
ist die Gegenwart des Geistes.

Notiz während der Exerzitien

In manchen spirituellen Menschen glänzt der Geist durch Abwesenheit.

Als er sich wunderte, dass so viele Fehler gemacht wurden

33 Diese beiden Sentenzen stehen in der französischen Ausgabe in einem eigenen Kapitel mit der Überschrift „Alcide, der kleine Mönch, als Ratgeber“ (Anmerkung A. S.).

Der kleine Mönch als Kämpfer

Vom Leben in Gemeinschaft[34]

Zum Gebrauch
nicht nur für Klöster
sondern auch:
Für Familien
Werkstätten,
Büros,
Parlamente,
Pfarrhäuser,
Parteien,
Gewerkschaften,
katholische Vereine,
kurz: für jede Art von Gemeinschaft.

---

34 Manuskript A. In den handschriftlichen Manuskripten erscheint das Kapitel mit der Überschrift „Vom Leben in Gemeinschaft" als eigenes Kapitel. In den auf der Maschine geschriebenen Manuskripten wurde es in das Kapitel „Alcide als Kämpfer" eingefügt. Die Herausgeber haben sich ebenfalls dafür entschieden.

Von Krieg und Frieden

Lerne die Kriegskunst gegen dich selbst,
anderen gegenüber die Kunst des Friedens.

An einem Tag heiliger Zerstrittenheit[35]

Der wahre Eifer wirft nicht mit Bomben.

Als der kleine Mönch seine Gemeinschaft verteidigte

Wenn deine Stimme wie ein Schlachthorn tönt,
hasst dein Gegenüber die Musik.

Bei einem hitzigen Gespräch

Auch wenn du ein Kämpfer bist,
ist dein Kloster deshalb noch lange kein Schlachtfeld.

Als der kleine Mönch alle auf Hochtouren bringen wollte[36]

---

35 Andere Einbettung im Manuskript A (Fortsetzung):
Als andere Kämpfer sich keineswegs nett benahmen

36 Andere Einbettung im Manuskript A:
Als der kleine Mönch einmal völlig überfordert war und Unterstützung brauchte

Wenn du Gegner hast,
hau nicht auf sie drauf, als seien sie gepanzert.

Nach einer scharf geratenen Antwort, die nötig war[37]

Der Triumphgesang passt nicht zu einem heiligen Streiter.

Bei einem Kongress

Ein Kämpfer muss sich nicht unbedingt für einen Soldaten halten.

Als er einmal voller Tatendrang war

Strategie ist die eine Seite,
die Wege Gottes sind die andere.

Als ihm abends sein Misserfolg vor Augen stand

Ein Kämpfer ist kein Korporal.

Als der kleine Mönch seine Ideen durchsetzen wollte

---

37 Andere Einbettung im Manuskript A:
Als er voller Tatendrang war

Von unserer Zerbrechlichkeit

Dein Bruder ist vielleicht grob,
du aber bist mit Sicherheit zerbrechlich.

Als er über die seelische Verletzbarkeit nachdachte[38]

Man würde viel schneller ein geduldiger Mensch,
wenn man mehr Lust darauf hätte.

Als er spürte, dass das Empfinden einer Schmach allmählich nachließ

Zerbrechliche Herzen sind fürs Schaufenster gut,
nicht aber für den heiligen Streit.

Als man ihm das Herz brach

---

38 Andere Einbettung im Manuskript F:
Als er einmal zur Schnecke gemacht worden war

Vom Schweigen

Die erste Sprosse auf der mystischen Leiter des Schweigens besteht darin, dass man sich nicht gerne reden hört.

Als er eine glänzende Rede gehalten hatte

Und die vorletzte Sprosse derselben Leiter ist das Zuhören.

Kein Kommentar

Das Schweigen, das dich daran hindert, ein guter Mensch zu sein, ist schlecht.

Theodore[39] *hatte die fromme Angewohnheit, über einige Verse aus Psalm 98 zu meditieren, wenn er sich bei einem Gespräch langweilte*

Ein Gespräch, das dir aufgezwungen wird, kann mehr inneres Schweigen enthalten als eine stille Tagträumerei.

Am Jahrestag seines Rückzugs aus der Welt

39 Vgl. oben Seite 21, Anmerkung 7.

Von der menschlichen Größe

Alcide, der kleine Mönch, war ein Kind seiner Zeit – und damit eben auch ein Kind unserer Zeit. Es begeisterte ihn, wie seine Zeitgenossen sich bemühten, die Größe des Menschen herauszustellen. Und aus Liebe zur Menschheit, um ihrer Ehre und Verherrlichung willen, versuchte er selbst auch, ein großartiger Mensch zu werden.
Schon zu Beginn seines christlichen Lebens brachten ihn die evangelischen Räte ein wenig in Verwirrung. Er ahnte dunkel, dass seine reich veranlagte Persönlichkeit in Gefahr geraten könnte.
Deshalb schrieb er das Folgende nieder:

Wenn du klein werden willst,
verachte nicht die Größe anderer.

Als der kleine Mönch nervös wurde, weil man anderen Bewunderung entgegenbrachte

Wenn du deine Kleinheit entdeckst,
meine nicht, du seist eine Perle.

Nach unvergesslichen Einsichten über seine Kleinheit

Sich selbst als außerordentlich „klein“ zu bezeichnen, heißt selten, dass man es auch wirklich ist; die wahrhaft Geringen wissen, dass sie erst am Anfang stehen.

Als er sich wie ausgelöscht vorkam und das auch kundtat

Komm nicht auf dem letzten Platz an, als seist du der Sieger der Tour de France.

Als er von seiner Kleinheit ganz überwältigt war[40]

Sei klein, aber betrachte bei dir nicht als Gramm, was dein Bruder als Kilo besitzt.

Als er sich weigerte, sich mit anderen zu messen[41]

---

40 Andere Einbettung im Manuskript A:
Als er dafür gesorgt hatte, dass man ihn vergaß

Weitere Variante aus Manuskript A (Fortsetzung):
Du bist klein, weil du ein Mensch bist, nicht weil du Alcide bist.
Als er von seiner Kleinheit ganz überwältigt war

41 Andere Einbettung im Manuskript I:
Als er von seiner Kleinheit ganz überwältigt war

Wenn du deine Tugend nicht bewundern kannst, bewundere nicht deine reumütige Gesinnung.

Als sich der kleine Mönch von allem zurückzog, um sich seinen Gewissensbissen zu stellen

Die Bedeutung großer Menschen ändert nichts an dem, was du bist; weil Gott groß ist, bist du klein.

Als sein Herz einmal voller Bewunderung war

Wenn du durch einen heftigen Schlag zusammengestaucht wirst und so Gott verherrlichst, dann sei gewiss, dass andere Gott auch ohne solche Schläge verherrlichen können.

Als er das Gefühl hatte, dass ihm etwas Außerordentliches zugemutet werde[42]

Du trägst deinen großartigen Menschen in dir: Der heilige Paulus nennt ihn den alten Menschen.

Eines Abends, als er eine Angelegenheit grandios geregelt hatte

42 Diese und die folgenden Sentenzen zum Thema „Von der menschlichen Größe" stehen in der französischen Ausgabe in einem eigenen Kapitel mit der Überschrift „Alcide, der kleine Mönch, als Ratgeber" (Anmerkung A. S.).

Wenn ein Genie verrückt wird, kann es nach wie vor ein genialer Mensch bleiben, auch wenn es kein großartiger Mensch sein wird.
Wenn du ein Übermensch sein willst, kannst du nach wie vor Christ sein, aber ein Heiliger wirst du nie.

An einem Tag bewundernswerter Askese

Hygiene[43]

Es ist ungeheuer wichtig zu unterscheiden, was von geistiger Erschöpfung und was von unserer leiblichen Verfasstheit stammt.

43 Im Manuskript A (Fortsetzung) ist das Wort überschrieben mit: *„Vom rechten Umgang mit Krankheiten“*.

An einem Tag der Traurigkeit

Wenn du das Gesicht verlierst, mach weiter;
verlierst du den Kopf, hör auf.

Als er Widerspruch erfuhr[44]

Wenn dir das Herz in den Kopf steigt,
hast du zu viel Gemüt.

Als er völlig überwältigt war

Drei [heute: über sieben] Milliarden Menschen tragen die Last des Lebens; zu wissen, dass du keine Ausnahme bist, kann dir nützlich sein.

Als der kleine Mönch gegen die Müdigkeit ankämpfte

Wenn du schreist, wird dein Nachbar taub.

Als der kleine Mönch das Gefühl hatte, dass ihm niemand zuhörte

---

44 Andere Einbettung im Manuskript A (Fortsetzung):
Nach einem Misserfolg

Von der Pflicht eines Erwachsenen

Auch wenn du erwachsen wirst, bleibst du ein Kind Gottes.

Als er über die Wichtigkeit seiner Aufgaben nachdachte

Wenn du zu deinem Bruder sagst: „Ich trage deine Last“, wird er froh sein; wenn du ihm aber sagst: „Ich trage dich“, wird es ihm weniger gefallen.

Als er erzieherische Anwandlungen bekam[45]

Wenn du deine Mitmenschen für Kinder hältst, dann deshalb, weil du zu erwachsen bist.

Als der kleine Mönch vom vielen Sich-Hinunter-Neigen schon ganz gebeugt war

45 Variante aus Manuskript A (Fortsetzung):
Wenn du zu deinem Bruder sagst: „Ich trage deine Pakete“, wird er froh sein; wenn du ihm aber sagst: „Ich trage dich“, wird es ihm weniger gefallen.
Als er über einen undankbaren Mitmenschen nachdachte

Erwachsen zu werden heißt nicht unbedingt, dass man langweilig werden muss.

Als der kleine Mönch sich selbst zum Gähnen fand[46]

Der gute Rat oder die Haut des anderen

„O, Herr,
Du Engel des Großen Rates,
lehre mich begreifen,
dass ich kein Engel bin
und dass unser menschlicher Rat
sehr bescheiden ist!
Amen."[47]

Wer den Rat gibt, braucht nicht zu zahlen.

Der kleine Mönch schätzte dieses Sprichwort sehr, und es fiel ihm meist ein, wenn er jemandem eine Antwort gab

46 Manuskript A (Fortsetzung).
47 Diese Sätze stehen in der französischen Ausgabe in einem eigenen Kapitel mit der Überschrift „Alcide, der kleine Mönch, als Ratgeber" (Anmerkung A. S.).

Es zeugt nicht von Achtung vor dem Menschen, wenn du zulässt, dass sich dein Bruder wie ein Esel benimmt.

Als sich der kleine Mönch einmal diskret zurückgehalten hatte

Vom geistigen Aufbruch

Der Gottesmann kann mühelos geistig aufbrechen; er muss dafür nur ein einziges Mal auch leibhaftig aufgebrochen sein.

Du musst dir möglicherweise den Fuß oder die Hand abhacken;[48] in der Kirche aber darf nichts abgetrennt werden.

Bei einem internationalen Kongress

Verwechsle die mühevolle Arbeit mit dir selbst nicht mit dem Schweiß eines Bauarbeiters.

An einem Tag innerer Kämpfe, draußen Gewitter

48 Vgl. das Schriftwort Mt 5,30: „Wenn dich deine rechte Hand zum Bösen verführt, dann hau sie ab und wirf sie weg" (Anmerkung A. S.).

Die schönste Sprache verliert ihren Zauber,
wenn niemand sie versteht.

Als der kleine Mönch von einer Sache zutiefst überzeugt war, dies leidenschaftlich zu vermitteln suchte, doch niemanden überzeugen konnte

Deine Straße ist weit,
doch der Atlantik ist noch viel weiter.

Als er über die soziologischen Entfernungen nachdachte

Trage die Kirche, dann wird sie auch dich tragen.

Als der kleine Mönch einmal Mühe hatte, ein heiligmäßiger Mensch zu sein

Denk daran, dass der Papst auf Erden keinen Vater hat.

Der Kopf gewinnt seine Erkenntnisse
durch die Finger und die Augen.

Als er einmal keine Lust hatte, etwas zu tun

Dein Pfarrer ist kein Hauptmann,
und du bist kein Unteroffizier.

Als er Frieden suchte

Dein Pfarrer schenkt dir Christus,
und dieser ist mehr als wir beide.

Der kleine Mönch als Novize[49]

Ein geistliches Notizbüchlein des seligen Alcide während seines Noviziats

Am ersten Tag seines Noviziats

Setz deine Hoffnung auf Gott, denn du wirst in den drei Jahren[50] viel an dir arbeiten müssen, selbst wenn du dich jetzt schon für fast vollkommen hältst.

Nach einer ersten Lektüre der Heiligen Regel

Drei Jahre später: Am letzten Tag seines Noviziats

Setz deine Hoffnung auf Gott, um noch vor deinem Tod ein einigermaßen guter Mensch zu werden.

Nach der täglichen Lektüre der Heiligen Regel

---

49 Dieses Kapitel findet sich nur in den Manuskripten C und Cb. Der Stil ist ganz anders als in den voraufgehenden Kapiteln. Hier gibt es nur ganz selten einen Sinnspruch mit einer hinzugefügten Beschreibung der jeweiligen Situation. Die Herausgeber haben sich deshalb dafür entschieden, dieses Kapitel an den Schluss zu setzen.

50 In den Jahren vor dem Ablegen der Gelübde (Anmerkung A. S.).

Über den Gehorsam

Warte nicht, bis deine Oberen vollkommen sind,
um ihnen zu gehorchen.

Suche das Abbild der Regel im Herzen Gottes
und nicht im Leben deiner Mitbrüder.

Miss mit demselben Maß
die Zeit, in der du deinem Nächsten wehgetan hast,
und die Zeit, in der er dir wehgetan hat.

Wenn es zwischen deinen Vorstellungen und den Vorstellungen deiner Oberen keinen Unterschied gäbe, hättest du dann überhaupt die Gelegenheit zu gehorchen?

Gebete zur Erlangung der Demut

O Gott,
gib mir die Gnade,
von anderen das gesagt zu bekommen,
was ich mir selbst nicht mehr sage,
und darüber froh zu sein.

O Gott,
wenn ich mich zu tragisch nehme,
hilf mir, mich nicht zu ernst zu nehmen.

O Gott,
lass mich erkennen,
da ich das Lächerliche doch so fürchte,
wie lächerlich der Stolz ist.

Beschlüsse nach Einkehrtagen zum Thema Demut

Wenn ich den Mund halte, werden sieben Zehntel meiner Fehler, die vom Stolz kommen, verschwinden.
Die drei Zehntel, die dann noch übrig bleiben, sind genug.
Also werde ich schweigen.

Versuch nicht, recht zu haben:
Es gibt keinen sichereren Weg, um falsch zu liegen.

Litaneien des vollkommenen Gottsuchers oder des Heiligen Todes, der einem bestimmt ist

Glückseliger Tod
wo man niemals traurig ist
wo man zuerst an alle anderen denkt und dann erst an sich selbst
wo man jede Minute als wunderbares und ganz persönliches Geschenk des Herrn erwartet
wo man „sehr gut" zu allem sagt
wo man zu nichts „schade" sagt
wo das, was wehtut, einen freut
wo auch die kleinen Freuden uns dankbar sein lassen
wo Gott ganz lebendig ist, weil wir ganz tot sind
wo „der zweite Tod einem nichts anhaben kann"[51]
wo man überall auf der Erde präsent sein kann
wo die Kirche uns unterstützt
wo uns das ganze Paradies geschenkt ist
denn man erwartet nichts mehr von der Erde.

O du unser glückseliger Tod, komm doch bald!

51 Vgl. Offb 2,11.

Skizze des seligen Alcide nach einem Vortrag über Nummer 7b im Advent[52]

Zu jeder Zeit
An jedem Ort
Bei allem, was mir lieb ist
In meinen Vorhaben
Und in meinen Plänen
Wird mir die Nummer 7b – das Unbekannte, aber zutiefst Gewisse –
Immer das Liebste sein
Amen!

52 Nummer 7b ist die Anspielung auf einen Vortrag, den P. Desbuquois SJ den „Equipen" einmal gehalten hatte. Er zählte sieben Möglichkeiten auf, wie man den Willen Gottes erkennen kann; alles, was darüber hinaus aber überraschend und unvorhergesehen geschehen könnte, erhielt die Nummer 7b.

Gebet beim Aufstehen

Herr, ich schenke dir diesen Tag.
Fülle du ihn mit deinem Leben –
und lass mich meine Eigenliebe vergessen.

Gebet vor dem Einschlafen

Herr, ich bin mit mir nicht zufrieden,
aber da ich mich über dich freue,
bleibe ich dennoch zufrieden.

Gebet vor dem Essen

Möge die Sorge für deine Brüder und Schwestern
an die Stelle der geistlichen Lektüre treten.

Meditation vor dem Essen
Das Almosen (... deiner guten Laune) ersetzt das Fasten.

Über das Schweigen

Für den Novizen ist es sehr nützlich, sich erst einmal ins Zuhören einzuüben, bevor er die Kunst der Rede ausübt.

Bist du sicher, dass deine Worte deinen Mitmenschen nützlicher sind als dein Schweigen?

Die erste deiner geistlichen Übungen ist das Schweigen, denn ohne es sind alle anderen Übungen unmöglich.

Über das Kreuz

Bevor du darüber nachdenkst, welches Kreuz du zu schultern hast, gilt es erstmal dies zu beachten:

Disziplin
Asche für dein Essen
Holz für dein Bett
Von morgens bis abends zu lächeln –
Und dann wird man weitersehen.

Kleine Gedächtnisstütze für den Gottsucher, der noch ein Lehrling ist

Du sollst den Herrn, deinen Gott lieben
Du sollst ihn mit deinem ganzen Herzen lieben
Du sollst ihn mit all deiner Kraft lieben
Du sollst ihn aus ganzer Seele lieben
Du sollst ihn über alles lieben

Und deshalb

Sollst du deinen Nächsten lieben
Wie der Herr, dein Gott, ihn geliebt hat.

Von der Freude

„Ja, mein Sohn, so ist es ... In unserer klösterlichen Gemeinschaft gibt es immer wieder Überraschungen, und sie sind immer wunderbar."

Worte, die ein alter Pater dem kleinen Mönch sagte, als seine Vorhaben geändert worden waren

„O Heiligkeit! Wie viele Heilige sind in deinem Namen schon gescheitert!"

Alcide, der kleine Mönch

Die Prüfungen des einfachen Christen

Vom Mittagsdämon[53]

„Was du gewählt hast, um ein guter Christ zu werden, hat dich nun dahin gebracht, das christliche Leben zu verabscheuen."
Der kleine Mönch schrieb diese Worte, nachdem er zehn Jahre lang unter seinen Mitbrüdern gelebt hatte.

Nun aber zeigt die Erfahrung, dass dieselben Worte
gesagt,
geschrien,
geseufzt
unter Weinen hervorgebracht wurden

von:
Ehefrauen zu ihren Männern nach zehn Jahren gemeinsamen Lebens,

---

53 Im Spätjudentum und auch im frühchristlichen Mönchtum empfand man den Mittag mit seiner oft drückenden Hitze als eine mögliche Unheilszeit. Man brachte sie mit bösen Geistern in Verbindung, die den Menschen heimsuchen konnten (Anmerkung A. S.).

von Ehemännern zu ihren Frauen am zehnten Hochzeitstag,
von Ärzten nach zehnjähriger Praxis,
von Soldaten nach zehnjährigem Dienst,
von Missionaren nach zehnjährigem Apostolat,
von allen Christen nach zehn Jahren christlichen Lebens.

Zu beachten ist allerdings, dass es unterschiedliche Zeitpunkte für diese Prüfung gibt. Je nachdem können es statt zehn auch sieben oder dreizehn Jahre sein. Aber wie auch immer: alle, die das durchmachen, haben den Eindruck der gleichen Zeitspanne.

M. D. an einem Tag der Trübsal

Anhang

Madeleine Delbrêl
Einführung zu Alcide
(Variante aus Manuskript A)

Die Leser und Leserinnen von Alcide mögen sich nicht davon einschüchtern lassen, dass er als Mönch lebte. Ja, er war Mönch und bleibt es, auch wenn es seinen ehrwürdigen Orden längst nicht mehr gibt. Ich habe oft gedacht, dass es gerade das ist, was auf unsere Generation eine solche Wirkung ausübt.

Bekanntlich gibt es in unserer Zeit ja einen eigenartigen Zwiespalt in Bezug auf das gemeinschaftliche Leben. Wer wüsste nicht, dass es gerade da, wo man sich menschlich besonders nahesteht, zu den schmerzlichsten Reibereien kommt? Und wer hat nicht schon an der unüberwindlichen Intoleranz gelitten, die durch die bis ins Kleinste gehenden Spezialisierungen heutzutage hervorgerufen wird, vor allem dann, wenn wir uns weitgehend ähnlich sind? Solche schmerzhaften Erfahrungen hindern uns aber nicht daran, auch unsererseits dazu beizutragen, dass Klassen, Nationen, Zivilisationen, Wirtschaftsformen und Blöcke auseinandergerissen werden, die es in unserer heutigen Welt gibt.

Warum muss es denn sein, dass unsere Zugehörigkeit zu einer geistlichen Gemeinschaft uns so leicht von allem entfremdet, was nicht zu ihr gehört?

Nun aber gibt es überall, wo Getaufte sind, einfache Christen. Sie sind weiß oder schwarz, reich oder arm, Intellektuelle oder Handwerker; sie sind begabt oder weniger begabt, jung oder alt, verheiratet oder alleinstehend, sie sind Mönche oder Pfarrer ... Was auch immer sie sind: sie sind in erster Linie einfache Christen.

Alcide, der kleine Mönch, gehört zwar weder zu den einen noch zu den anderen; er könnte uns aber in diesem Bereich unseres Lebens, wo es um Gemeinschaft geht, eine Hilfe sein. Er steht außerhalb der Tendenzen unserer Zeit, denn er stammt aus einer anderen Zeit.

Weil er niemandem gehört, gehört er uns allen.

Er ist in jedem von uns der einfache Christ. Er ist in jedem von uns die ungeduldig drängende Liebe, die Gott da sucht, wo ihn der Glaube findet, wo aber das alltägliche Leben ihn verbirgt.

Anmerkungen zur Editionsgeschichte[54]

In den vierziger Jahren des vergangenen Jahrhunderts hat Madeleine Delbrêl mit den Notizen zu „Alcide" begonnen. Es war für sie eine spannungsvolle Zeit, in der die Verantwortung für ihre Gemeinschaft immer mehr zunahm. Nicht zuletzt um ihrer Gefährtinnen willen gab sie 1946 schweren Herzens ihren Beruf als Sozialarbeiterin auf. Ungefähr um diese Zeit sind dann die ersten Abenteuer des „kleinen Mönchs" entstanden, wie Christine de Boismarmin, eine ihrer Gefährtinnen, in ihrer Biografie schreibt.[55]

Bald schon kursierten einzelne dieser Texte unter den Mitgliedern ihrer Gemeinschaft und im Freundeskreis. Sie wurden handschriftlich abgeschrieben oder von Madeleine Delbrêl selbst vervielfältigt, um sie an andere weiterzugeben. So hat sie z. B. Jacques Loew ei-

54 Vgl. dazu die Einführung der Herausgeber in: Madeleine Delbrêl, Le petit moine, 26–32.

55 Christine de Boismarmin, Rue des villes chemins de Dieu 1904–1964, Nouvelle Cité, Paris 1985, 79. Deutsch: Madeleine Delbrêl, Mystikerin der Straße, Verlag Neue Stadt, München ^{2}1996, 88.

nen mit Zeichnungen versehenen Auszug („Alcide als Prior“) geschenkt. Durch diese Vervielfältigungen liegen nun zahlreiche handschriftliche oder maschinengeschriebene Versionen vor, die zum Teil erheblich voneinander abweichen. Madeleine Delbrêl selbst hat z. B. auch zwei verschiedene Einführungen zu „Alcide“ verfasst.[56] Bereits 1968, also vier Jahre nach Madeleine Delbrêls Tod, wurde eine erste Fassung von „Alcide“ veröffentlicht, ausgehend von einem der sieben vorliegenden Manuskripte.[57]

Die heutigen Herausgeber haben sich der damaligen Reihenfolge der einzelnen Kapitel angeschlossen, diese aber um weitere Kapitel ergänzt und die Zuordnung der Sinnsprüche immer wieder auch verändert. Wenn es Varianten dieser Sinnsprüche gab, wurden diese von den Herausgebern gekennzeichnet: „Und zwar als Anmerkung, wenn sie geringfügig sind, kursiv im Textverlauf hingegen, wenn sie von größerer Bedeutung sind.“[58]

Das Kapitel „Der kleine Mönch als Novize“ fällt vom Stil her aus dem Rahmen. Die Herausgeber haben sich

56 Vgl. oben Seite 13–18 sowie S. 105f.
57 In: Madeleine Delbrêl, La joie de croire, Editions du Seuil, Paris 1968.
58 Einführung der Herausgeber, a. a. O. 29. Ich habe mich dazu entschlossen, die Varianten immer als Anmerkung in einer Fußnote kenntlich zu machen (A. S.).

deshalb, wie schon gesagt, dafür entschieden, dieses Kapitel an den Schluss zu setzen, auch wenn es von der Logik her dem vierten Kapitel – „Der kleine Mönch beim Ablegen der Gelübde“ – folgen könnte.[59]

Das literarische Genus von „Alcide“ erinnert an die sogenannten „Apophtegmata“, die Weisheitssprüche der Wüstenväter und -mütter aus dem vierten und fünften Jahrhundert nach Christus. Vermutlich hat Madeleine Delbrêl in der Zeit nach ihrer Konversion eine Sammlung dieser Apophtegmata gelesen. Auch die Geschichte von „Alcide“, die sie in einer ihrer beiden Einführungen selbst beschreibt,[60] geht auf eine Begebenheit zurück, die im vierten Jahrhundert über den heiligen Makarius erzählt wurde. Doch auch wenn sie sich der Form nach den Weisheitssprüchen aus der Wüste angeschlossen hat: Ihre Themen sind eigenständig und spiegeln ihren Weg der Gottsuche wider – oder die Kunst, sich mitten im Alltag mit seinen Freuden und Leiden von Gott finden zu lassen. Guy Lafon, der Herausgeber der ersten französischen Ausgabe, hat es so beschrieben:

„Es ist eine dezente und fast spielerische Weise, von sich selbst abzusehen. Wenn man sich wie Madeleine der Tragik des Unglaubens bewusst ist, besteht immer die

59 Vgl. dazu auch oben S. 91, Anmerkung 49.
60 Vgl. oben S. 14f.

Versuchung, alles todernst zu nehmen. Ihre Freunde und Freundinnen wissen aber, dass Madeleine dieser Versuchung nicht nachgegeben hat. Die Persönlichkeit Alcides, den sie erfunden hat, zeugt von einer Klarheit, die nie in Traurigkeit verfällt; in dieser Haltung hat sie die Dinge reflektiert, in dieser Haltung hat sie auch ihre Kämpfe ausgefochten. Das Lachen war für Madeleine die andere Seite der Freude."[61]

Annette Schleinzer

Im Folgenden einige beispielhafte Reproduktionen aus den handgeschriebenen illustrierten Heften. Die Illustrationen auf den Seiten 112–115 stammen von Marie-Armel Lemoine.

61 Guy Lafon, Vorwort zu Madeleine Delbrêl, La joie de croire, Paris 1968, 27.

»Die kleinen Alben von Alcide
ABENTEUER EINES
EINFACHEN CHRISTEN«

Titelseite eines der erhaltenen handgeschriebenen Hefte
Illustration: Madeleine Delbrêl

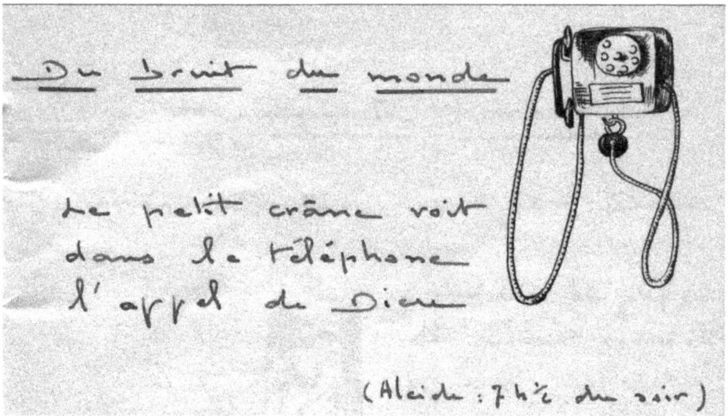

Du bruit du monde
Le petit crâne voit dans le téléphone l'appel de Dieu
(Alcide: 7 h 1/2 du soir)

Vom Lärm der Welt
Der Gottsucher sieht im Telefon den Anruf Gottes.

Der kleine Mönch eines Abends um halb acht

<u>De l'amour de Dieu</u> (suite)
Le Bon Dieu ne nous demande pas de l'aimer
à notre manière mais à la sienne.
(Alcide, un jour qu'il avait envie d'être un héros
et pas envie d'être un brave homme)

Von der Liebe zu Gott (Fortsetzung)
Gott möchte von uns nicht geliebt werden,
wie wir wollen, sondern wie er will.

Als der kleine Mönch einmal gerne ein Held sein wollte
und nicht nur ein guter Mensch

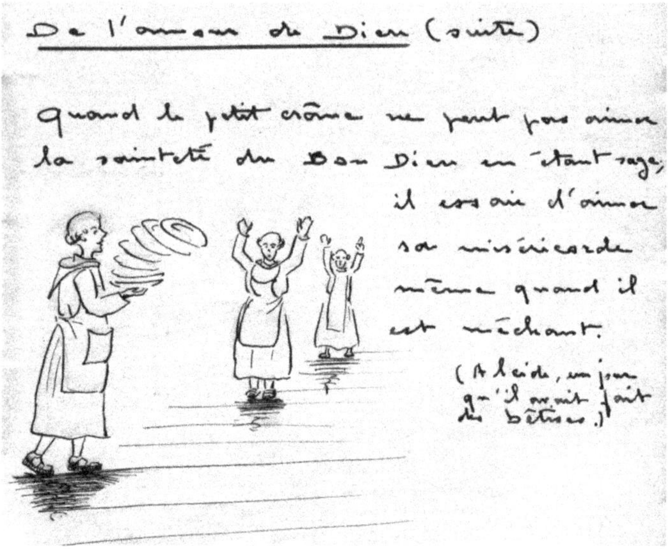

De l'amour de Dieu (suite)
Quand le petit crâne ne peut pas aimer la sainteté
du Bon Dieu en étant sage, il essaie
d'aimer sa miséricorde [même] quand il est méchant.
(Alcide, un jour qu'il avait fait des bêtises)

Von der Liebe zu Gott (Fortsetzung)
Wenn der Gottsucher die Heiligkeit Gottes
nicht lieben kann, wenn er gut ist, versucht er,
seine Barmherzigkeit zu lieben, wenn er böse ist.

Als der kleine Mönch Dummheiten gemacht hatte

<u>De l'amour de Dieu</u> (suite)
Le petit crâne ne fait qu'une seule chose
en faisant beaucoup de choses; mais il fait beaucoup
de choses en faisant toujours la même chose.
(Alcide, un jour où il voulait partir au Sahara)

Von der Liebe zu Gott (Fortsetzung)
Der Gottsucher tut immer nur eines,
auch wenn er viel zu tun hat;
aber er geht vieles an,
indem er im Grunde immer nur das eine tut.

Als der kleine Mönch einmal in die Sahara aufbrechen wollte

Literaturverzeichnis

Gesamtwerke Madeleine Delbrêls:

OC I *Éblouie par Dieu.* Correspondance volume 1, 1910–1941, Paris: Nouvelle Cité 2004 (= Œuvres complètes Tome I).

OC II *S'unir au Christ en plein monde.* Correspondance volume 2, 1942–1952, Paris: Nouvelle Cité 2004 (= Œuvres complètes Tome II).

OC III *Humour dans l'amour.* Méditations et fantasies, Paris: Nouvelle Cite 2005 (= Œuvres complètes Tome III).

OC IV *Le moine et le nagneau.* Alcide et ses métamorphoses, Paris: Nouvelle Cité 2006 (= Œuvres complètes Tome IV). Neuausgabe: *Alcide, le petit moine. Maximes et conseils de vie spirituelle,* Bruyères-le-Châtel: Nouvelle Cité 2017 (= Œuvres complètes Tome IV).

OC V *Profession assistante sociale.* Écrits professionnels, volume 1, Paris: Nouvelle Cité 2007 (= Œuvres complètes Tome V).

OC VI *Le service social entre personne et société.* Écrits professionnels, volume 2, Paris: Nouvelle Cité 2007 (= Œuvres complètes Tome VI).

OC VII *La sainteté des gens ordinaires.* Textes missionnaires, volume 1, Paris: Nouvelle Cité 2009 (= Œuvres complètes Tome VII).

OC VIII *Athéismes et évangélisation.* Textes missionnaires, volume 2, Paris: Nouvelle Cité 2010 (= Œuvres complètes Tome VIII).

OC IX *La femme, le prêtre et Dieu.* Au cœur du mystère intime de l'Église. Textes missionnaires volume 3, Paris: Nouvelle Cité 2011 (= Œuvres complètes Tome IX).

OC X *La question des prêtres-ouvriers.* La leçon d'Ivry. Textes missionnaires volume 4, Paris: Nouvelle Cité 2012 (= Œuvres complètes Tome X).

OC XI *Ville marxiste terre de mission.* Textes missionnaires, volume 5, Paris : Nouvelle Cité 2014 (= Œuvres complètes Tome XI).

OC XII *En dialogue avec les communistes.* Textes missionnaires, volume 6, Paris : Nouvelle Cité 2014 (= Œuvres complètes Tome XII).

OC XIII *La vocation de la Charité.* Textes à ses équipières, volume 1, Paris: Nouvelle Cité 2015 (= Œuvres complètes Tome XIII).

OC XIV *J'aurais voulu ...* Textes à ses équipières, volume 2, Paris: Nouvelle Cité 2016 (= Œuvres complètes Tome XIV).

OC XV *Notre vie.* Textes à ses équipières, volume 3, Paris: Nouvelle Cité 2017 (= Œuvres complètes Tome XV).

OC XVI *Si la charité existe ...* Textes à ses équipières 1958-1962, volume 4, Paris: Nouvelle Cité 2018 (= Œuvres complètes Tome XVI).

OC XVII *La conversion du cœur.* Textes à ses équipières 1961-1964, volume 5, Paris: Nouvelle Cité 2018 (= Œuvres complètes Tome XVII).

Biografie Madeleine Delbrêls:

Boismarmin, Christine de, *Madeleine Delbrêl 1904-1964.* Rues des villes chemins de Dieu. Présentation de Jacques Loew, Paris: Nouvelle Cité 1985.
Deutsch: *Ein Leben unter Menschen, die Christus nicht kennen.* Übersetzung von Mathilde Wiemann. München: Verlag Neue Stadt 1986.
Madeleine Delbrêl. Mystikerin der Straße. Übersetzung von Mathilde Wieman. 2., neu bearbeitete Auflage, München: Verlag Neue Stadt 1996

Boehme, Katja, Madeleine Delbrêl. Die andere Heilige, Freiburg: Verlag Herder 2004.

François, Gilles / Pitaud, Bernard, *Madeleine Delbrêl. Poète, assistante sociale, mystique*, Paris: Nouvelle Cité 2014.
Deutsch: Madeleine Delbrêl. Die Biografie, übersetzt von Annette Schleinzer, München: Verlag Neue Stadt 2019.

Schleinzer, Annette, *Die Liebe ist unsere einzige Aufgabe.* Das Lebenszeugnis von Madeleine Delbrêl, Ostfildern: Schwabenverlag ^{3}2006; aktualisierte Neuausgabe Patmos Verlagsgruppe 2014; aktualisierte Neuausgabe, Verlagsgemeinschaft topos plus, Kevelaer 2019.

Textsammlungen auf Deutsch:

Schleinzer, Annette (Hg.), *Madeleine Delbrêl, Gott einen Ort sichern.* Texte – Gedichte – Gebete, Ostfildern: Schwabenverlag ^{2}2003; Neuauflage: Kevelaer, Topos-Taschenbuch ^{5}2018.

Schleinzer, Annette (Hg.), *Madeleine Delbrêl, Deine Augen in unseren Augen.* Die Mystik der Leute von der Straße. Ein Lesebuch, München: Verlag Neue Stadt ^{2}2015.

DIE GROSSE BIOGRAFIE

Gilles François/Bernard Pitaud
Madeleine Delbrêl
Die Biografie
Aus dem Französischen übersetzt
von Annette Schleinzer

Das internationale Standardwerk in deutscher Sprache:
- Umfassende Einblicke in das Leben und in den inneren Werdegang Madeleine Delbrêls.
- Viele neue Informationen über die Künstlerin, Sozialarbeiterin und Mystikerin.
- Mit SW-Fotos, Namensregister und ausführlichem Literaturverzeichnis.

352 S., geb., Leseband, ISBN 978-3-7346-1204-6

DAS GROSSE LESEBUCH

Madeleine Delbrêl
Deine Augen in unseren Augen
Die Mystik der Leute von der Straße
Ein Lesebuch
Hg. von Annette Schleinzer

Das große Madeleine-Delbrêl-Lesebuch mit vielen erstmals in deutscher Sprache publizierten Texten.
Einen umfassenden Einblick in das Werk von Madeleine Delbrêl bietet diese qualifizierte Textsammlung. Die Zusammenstellung nach Themen macht das Buch zugleich zu einer Fundgrube für alle, die nach zeitgemäßen, unverbrauchten Gedanken über ein Leben aus dem Glauben suchen.

2. Auflage, 272 S., geb., Leseband, ISBN 978-3-7346-1026-4

Annette Schleinzer

Madeleine Delbrêl – Prophetin einer Kirche im Aufbruch

Impulse für Realisten

Für alle, die sich Gedanken machen, wie es mit der Kirche und dem Glauben weitergeht: eine Quelle der Hoffnung und Inspiration in Zeiten des Umbruchs – weil strukturelle Veränderungen allein nicht genügen.

2. Aufl., 248 S., geb., ISBN 978-3-7346-1110-0

Rosemarie Nürnberg

Anders beten

Impulse von Madeleine Delbrêl

Heute beten? Ja, aber wie und wann? Die Impulse von Madeleine Delbrêl sind eine Fundgrube von Anregungen: authentisch, nüchtern und getragen von einer Gotteserfahrung, die das Leben verändert.

144 S., geb., ISBN 978-3-7346-1032-5

Rosemarie Nürnberg

Ergriffen von Gott

Exerzitien mit Madeleine Delbrêl

Meditationen über wichtige Grundmotive der Botschaft Madeleine Delbrêls.
Aus dem Inhalt: Suchend gefunden werden – „Gott einen Ort sichern" – „Rendezvous mit Christus" – „Gebet in einem weltlichen Leben"

4. Aufl., 96 S., kart., ISBN 978-3-7346-1123-0